L.n. 1371 s.

ÉLOGE
DE
M. MASSILLON,
ÉVÊQUE DE CLERMONT;

PRONONCÉ A TOULOUSE,

Par M. l'Abbé MARQUEZ, Professeur d'Eloquence au Collége Royal de la même Ville.

A PARIS,
Chez PAUL-DENIS BROCAS, rue S. Jacques, au Chef Saint Jean.

M. DCC. LXVIII.

ÉLOGE
DE
M. MASSILLON,
EVÊQUE DE CLERMONT.

SI l'éloquence n'éleve point parmi nous aux premieres dignités de l'Etat, elle mene encore à la considération & à la gloire. Les grands Orateurs ont droit aux hommages de leur siécle & de la postérité. Mais consacrer leur mémoire par un éloge public, lorsque des vertus éminentes ont rehaussé le prix de leurs talens, n'est-ce pas jetter le germe de la plus utile émulation dans les ames ?

On ne sera donc pas surpris, si je viens louer un homme qui a également illustré la Chaire & l'Episcopat. On pourra seulement souhaiter ici une voix plus éloquente. Il n'appartenoit qu'à Cicéron de prononcer l'éloge de Démosthène, & Massillon méritoit d'être célébré par l'un de ses pareils.

Mais heureusement, sa gloire ne souffrira point de la foiblesse du Panégyriste. Les suffrages unanimes de la Nation, des Etrangers mêmes passionnés admirateurs de ce grand homme, ont fixé nos idées fur le mérite de fes écrits. Placé par les Gens de Lettres à côté de nos plus grands Orateurs; & par quelques-uns, non fans vraifemblance, à la tête de tous, fon nom eft devenu celui de l'éloquence même.

Qui ne connoît en effet, & ne lit toujours avec un nouveau plaifir les ouvrages de cet illuftre Prélat? Le bel efprit les admire, la multitude y trouve des inftructions à fa portée, l'ame fenfible s'en nourrit avec une forte de volupté, tout Chrétien y puife fans ceffe un nouvel amour pour la vertu.

Ce n'eft donc pas un monument que je prétends ériger à la gloire du célèbre Evêque de Clermont; elle n'a pas befoin des fecours de l'art pour fe foutenir ou pour s'accroître: c'eft un modèle que je viens propofer à ceux qui courent la carriere de l'éloquence facrée. J'oferai mêler à l'éloge de l'immortel Maffillon quelques réflexions fur l'éloquence de la Chaire; je les propoferai fans fafte & fans prétention : mais en louant en lui les talens du génie, je n'oublierai pas les qualités de fon ame. Le plus pathétique des Orateurs nous offrira les vertus d'un grand Evêque. Que n'ai-je reçu pour le louer dignement, quelques étincelles de ce feu qui animoit fon éloquence! Heureux, fi je ne demeure pas trop au-deffous de vos idées, & fi mon admiration pour ce grand homme peut aujourd'hui foutenir ma foibleffe.

PREMIERE PARTIE.

JAMAIS l'éloquence ne fut plus dignement employée, que lorfqu'elle fe propofa de rendre les hommes meilleurs. Cet ufage particulier du talent de la parole, inconnu jadis à l'antiquité payenne, eft devenu parmi nous une fource féconde des plus précieux avantages. Ferme appui de la Religion, il a donné de nouvelles richesses à l'empire des Lettres.

Mais c'est la grandeur même & la sublimité du sujet qui rend si difficile le Ministere Evangélique. Démosthène & Cicéron, en soutenant les intérêts de la République & la cause des Rois, manioient les ressorts les plus capables d'attacher leurs Auditeurs. Aujourd'hui l'Orateur Chrétien traite souvent des vérités placées hors de la sphere des sens, & qui ne laissent presqu'aucune prise à l'imagination. Comment en donnera-t-il l'intelligence, si son art ne les rend sensibles par des images vives & frappantes? Comment préviendra-t-il le dégoût & la satiété de l'Auditeur pour des sujets rebattus, s'il ne leur donne le piquant de la nouveauté? Il faut qu'il éclaire l'esprit, qu'il étonne l'imagination, qu'il intéresse le cœur. Un jugement sain, une imagination vive & sage à-la-fois, un style également éloigné de l'affectation & de la négligence, nulle envie de plaire, un dessein marqué d'être utile, une action noble & naturelle; à ces qualités, joignez un zèle ardent qui les anime, & vous aurez l'idée des talens de la Chaire.

Massillon les réunit tous dans le plus haut degré. Né avec les plus beaux dons du génie, doué surtout de cette forte sensibilité d'ame, sans laquelle il ne fut jamais de grands Orateurs, il portoit dans lui-même le germe de la plus pathétique éloquence. De si heureuses dispositions ne demandoient qu'une école où elles pussent être cultivées avec succès. Il la trouva dans une Congrégation célèbre, féconde en hommes supérieurs dans tous les genres, & surtout en Orateurs Chrétiens. Le jeune Massillon y jetta bientôt les fondemens de cette réputation brillante qui s'accrut tant dans la suite. Les différens emplois qu'on lui confia ne firent que découvrir les graces & la beauté de son esprit (*a*). Par-tout il enleva les suffrages, & trouva des admirateurs. L'Oratoire connut dès-lors le prix d'un pareil sujet. Tout, jusqu'à la jalousie de ses Confreres, annonçoit le nom qu'il devoit se faire un jour dans la France.

Mais comment reconnoître la route que la nature nous a marquée, quand on est en état de les parcourir toutes avec gloire ? Une étonnante facilité de génie qui se plioit à tout, rendoit chaque jour plus difficile à Massillon le choix d'un genre d'étude, & pensa plus d'une fois enlever à la Chaire un de ses plus beaux ornemens. Egalement propre à tout, tout paroissoit être son talent, dès qu'il s'y appliquoit. Les Belles-Lettres, la Philosophie, la Théologie se le disputoient tour-à-tour, & lui promettoient les mêmes succès. La postérité pourra-t-elle le croire ? Massillon né pour prétendre à la premiere place parmi les Prédicateurs François, sembloit seul ignorer ses talens. Son goût se fut décidé pour la Philosophie ou pour la Théologie (*b*). Quels

___

(*a*) Les grands hommes s'annoncent de bonne heure & sont bientôt démêlés dans la foule par des yeux clairvoyans. Un homme de mérite que Louis XIV envoyoit dans le Languedoc prêcher la controverse, passant par Arles, s'arrêta quelques jours dans la Maison de l'Oratoire. Charmé du jeune Massillon, il eut de fréquentes conversations avec lui, & lui dit en le quittant, qu'il n'avoit qu'à continuer comme il avoit commencé, & qu'il deviendroit un des premiers hommes du Royaume. Massillon étudioit alors en Théologie, sous le P. Quiqueran de Beaujeu, depuis Evêque de Castres, homme éloquent, & qui joignoit l'érudition au génie.

(*b*) Cette anecdote singuliere est consignée dans une Lettre de Massillon, écrite le 17 Août 1689 au P. de Sainte Marthe, Général de l'Oratoire: " je considére, lui disoit il, que je ne suis dans la Congrégation que pour être utile ; & comme mon talent & mon inclination m'éloignent de la Chaire, j'ai cru qu'une Philosophie ou une Théologie me conviendroit mieux ".

succès n'y eussent pas couronné ses travaux ? Un esprit comme le sien n'étoit pas fait pour la médiocrité. Dévoué à l'une ou à l'autre de ces sciences, il y eut certainement répandu de nouvelles lumieres ; il eut disputé la palme aux Thomassins ou aux Malebranches.

Mais il savoit que quelque ressource que l'on ait dans le génie, le sage se défie de ses forces, & défére à des conseils éclairés. L'éclat avec lequel il s'annonça dans la Chaire, dès qu'il y parut, ne laissa plus de doute sur l'objet qui devoit l'occuper tout entier. C'est à l'autorité d'un ami respectable, que la France doit peut-être les fruits du talent de Massillon. Frappé de la difficulté du succès dans la Chaire, il étoit allé s'ensevelir dans la solitude austere de Sept-Fonds (c). Une telle conduite ne doit point étonner : le vrai génie mesure toute l'étendue de son art, il voit mieux qu'un autre l'espace immense qu'il doit franchir pour approcher de la perfection : mais un homme sage ravit bientôt le nouveau Solitaire au désert, & s'empressa de rendre au monde cette lumiere qui devoit y jetter un si vif éclat. Le docile Prêtre fait alors le sacrifice de son inclination aux vûes de ses Supérieurs. Fixé par eux au Ministere Evangélique, Massillon en conçoit toute la grandeur ; il s'en représente tous les devoirs ; il envisage avec un religieux effroi les écueils

---

(c) Ce fut après avoir prononcé l'Oraison Funébre de Henri de Villars, Archevêque de Vienne, que le P. Massillon se retira à Sept-Fonds. Peu de temps après, ayant appris que le P. de Latour avoit été élu Supérieur Général de l'Oratoire, il lui écrivit sans doute pour le consulter sur le choix d'un état de vie. Ce Pere connoissoit trop bien le véritable usage des talens, & tout ce que valoit Massillon, pour laisser plus long-temps enfouis ceux de ce Confrere. Il l'attira au plutôt à Paris, & le plaça en qualité de Directeur au Séminaire de S. Magloire, où les touchantes Conférences de l'éloquent Oratorien, le firent bientôt connoître.

où le défir de plaire entraîne trop fouvent ceux qui l'exercent ; & fupérieur dès ce moment à l'opinion des hommes, ce n'eft point à leur fuffrage qu'il afpire, mais au bonheur de faire des converfions.

Paris, ce brillant théâtre des talens, raffembloit alors nos plus célèbres Prédicateurs. Maffillon voulut les entendre. Il cherchoit des Orateurs Chrétiens dignes de ce nom ; il ne trouva, pour la plûpart, que des difcoureurs ingénieux, mais froids, qui ne portoient ni lumieres dans l'efprit, ni fentimens dans l'ame. Dans cette foule, un feul homme le frappa ; pouvoit-il ne pas l'admirer ? c'étoit l'organe de la raifon même ; & bientôt tous les autres s'éclipferent à fes yeux à côté de Bourdaloue.

Permettez-moi, MM. pour mieux faire fentir le mérite de ce grand homme, de vous retracer le caractere des Prédicateurs qui l'avoient précédé. La chûte des Lettres avoit entraîné dans les fiécles barbares celle de l'éloquence facrée. Leur renouvellement fut lent, & le genre dont nous parlons s'eft fur-tout reffenti de cette lenteur : le bon goût étoit généralement éclipfé ; on n'en apperçoit les premiers rayons que près d'un fiécle après, & il ne fe montra dans tout fon éclat que fous le régne de Louis XIV. Qu'étoit en effet parmi nous la prédication dans le feiziéme fiécle, & jufqu'au milieu du dix-feptiéme ? La féchereffe de l'école & les bouffonneries du Théâtre s'étoient emparées de la Chaire. Le facré & le profane marchoient toujours enfemble. Ariftote décidoit avec S. Paul. Horace venoit à l'appui de S. Auguftin ; d'ailleurs, nulle bienféance, nul naturel. Je vois à la vérité quelques efprits plus judicieux lutter contre le mauvais goût de leur siécle (*d*). L'éloquent Senault donne à la Chaire une dignité inconnûe jusqu'à lui. Lingendes, digne émule de cet Orateur célèbre (*e*), prononce en françois avec des suffrages universels des discours écrits dans une langue morte : mais il fut un homme parmi nous, qui bien mieux qu'eux tous, a fait prendre à la Chaire une face nouvelle. Je parle de ce génie créateur, né pour éclairer le monde, & dont tous les genres de littérature ont senti l'influence. Descartes, j'ose le dire, a été le véritable réformateur de la Chaire ; c'est lui qui y a ramené le vrai, le naturel. Instruits par sa méthode lumineuse, les Orateurs chercherent des preuves plus concluantes, mirent plus d'ordre dans l'économie du discours, substituerent les livres saints à cette multitude d'histoires si souvent fabuleuses. Les bienséances furent connues ; le pathétique édifiant succéda aux peintures burlesques, & la raison placée dans la Chaire comme sur son trône, exerça son empire sur les esprits.

Bourdaloue l'y faisoit alors régner dans tous ses droits ; on eut dit que ce génie profond vouloit lui rendre avec usure ce que ses prédécesseurs lui avoient ôté. Au-dessus de la tentation de plaire, il ne parle que pour offrir une chaîne de conséquences que doit avouer la plus sévere dialectique. Ses idées se pressent & se succédent avec rapidité, sans se confondre. Doué de cette éloquence mâle & nerveuse qui subjugue les esprits, qui dédaigne les or-

---

(*d*) Le P. Senault est sur-tout connu par son Traité des Passions. Il refusa plusieurs Evêchés : son mérite l'éleva au Généralat de l'Oratoire ; on le regarde comme le Précurseur de Bourdaloue.

(*e*) Le P. Lingendes, Jésuite, écrivoit ses Sermons en latin, & les prononçoit en françois. Bien des gens pensent que Bourdaloue a souvent puisé dans les ouvrages de ce Prédicateur.

A iv

nemens, ou qui les fait servir à la victoire, jamais la preuve ne fut maniée avec plus de force & d'habileté.

Mais où trouver un Orateur accompli ? Ne faisons pas honneur aux grands hommes des qualités que la nature leur refusa : la vérité désavoueroit nos éloges. Cette tendre onction qui saisit le cœur, ce ton d'une ame pénétrée, si bien assorti à la Chaire, cet art d'intéresser le sentiment, qui assure le triomphe de l'éloquence, nous le chercherions envain dans Bourdaloue.

Or, que devoit faire Massillon en entrant dans la même carriere ? Devoit-il marcher d'un pas timide sur les traces de cet Orateur inimitable, au risque de se traîner & de ne jamais l'atteindre ? Falloit-il que donnant des entraves à son génie, il copiât servilement la maniere d'un autre ? Trop connoisseur, pour ne pas admirer ce grand homme, mais trop judicieux pour l'imiter en tout, au préjudice de ce talent original qu'il avoit reçu lui-même de la nature, il se fit une maniere de prêcher qu'il ne dût qu'à lui seul. Son zèle ne s'attache point à établir des vérités avouées d'ordinaire par l'Auditeur. C'est aux malheureux prétextes suggérés par la passion pour enfreindre la loi, que Massillon livre les plus vives attaques. Aucun de ces retranchemens de l'amour propre ne peut tenir contre son éloquence victorieuse. Affectueux & véhément, terrible & consolant tour à tour, il a l'insinuation de Cicéron & la rapidité de Démosthène. Semblable à un Athlete vigoureux, attaché sans relâche à poursuivre son adversaire, & qui n'en triomphe que pour le sauver d'une fureur aveugle qui l'entraîne dans un abîme ; Massillon presse, abat le pécheur, puis le releve en l'encourageant, & en obtient l'aveu de ses torts &

de ses injustices. Logicien aussi exact, sans l'être aussi scrupuleusement que Bourdaloue, il joint à la solidité des preuves l'art de les tourner en sentiment; tout en prend la teinture dans sa bouche, tout va droit au cœur. J'en appelle au témoignage des ames faites pour sentir. Qui n'a pas éprouvé en lisant cet Orateur incomparable, ces vives émotions, cet attendrissement, fruits nécessaires d'une éloquence pathétique? C'est par-là que la maniere de composer de l'Evêque de Clermont, aux yeux des hommes sensibles, a paru supérieure à celle de Bourdaloue. En effet, notre ame est naturellement chrétienne, & l'Evangile est moins attaqué par l'erreur de l'esprit que par la corruption des mœurs. La logique de ce livre divin est dans nos cœurs: les passions peuvent bien l'y obscurcir, mais elles ne sauroient en éteindre la lumiere. Tous les cœurs sont capables de sentir; tous les esprits ne le sont pas de raisonner, & la Chaire doit moins être une école de dialectique, que le théâtre des grands mouvemens. Je ne veux point louer ici un grand homme aux dépens d'un autre grand homme, mais en raisonnant d'après le caractere de leur éloquence, celui qui sait joindre à la lumiere de la conviction l'attrait de la persuasion, ne triomphe-t-il pas toujours des esprits les plus obstinés & des ames les plus rébelles?

Aussi, quels ne furent pas les fruits des discours de Massillon? Se partageant entre la Chaire & le Tribunal, il achevoit dans l'un l'ouvrage qu'il avoit commencé dans l'autre. Le célèbre Comte de Rosembert, le vaillant Courville ramenés dans la voie des vertus chrétiennes (f) attesterent dans le temps

___

(f) Le premier est François-Toussaint Forbin de Janson, connu sous le nom de Comte de Rosembert. Il avoit fait vœu d'entrer à la Trappe;

le pouvoir de l'éloquence de cet Orateur, & ces conversions d'éclat, dont l'Histoire a conservé le souvenir, nous en font imaginer une foule dont elle ne parle pas. Ce n'étoient point de vaines marques d'admiration de la part de ceux qui venoient l'entendre : trop agités pour applaudir ou pour critiquer, un silence morne & pensif, des visages recueillis décéloient l'aiguillon que ce Ministre de la parole avoit laissé dans les cœurs. C'étoient-là les éloges dont Massillon étoit jaloux. Sa modestie n'en souffrit jamais d'autres (g). La douce persuasion découloit de ses lévres. Une touchante simplicité ; des peintures du cœur humain aussi vraies que pénétrantes, une fécondité inépuisable d'idées grandes & sublimes ; un style d'autant plus admirable dans ses diverses beautés, qu'elles semblent s'offrir à lui d'elles-mêmes, & ne cachent jamais la nature ; une action unique, indépendante des régles, & qui n'en faisoit peut-être que mieux entrer les vérités du Christianisme dans l'ame de l'Auditeur : tous ces avantages réunis, le mirent dès son troisiéme Sermon, au-dessus des autres Prédicateurs de la France.

C'est sur-tout dans ces sujets usés, écueil ordi-

& sur de vains prétextes, il différoit sans cesse d'accomplir son vœu. Il prit pour Directeur le P. Massillon, dont il avoit souvent entendu les prédications. Ce Pere non moins persuasif dans le Tribunal que dans la Chaire, le détermina à remplir sa promesse. Le Comte partit pour la Trappe, où il fut connu sous le nom de F. Arsene, & finit sa vie à Buonsollazzo, le 21 Juin 1710.

Le Comte de Courville, touché des grandes vérités que le P. Massillon annonçoit, voulut pareillement l'avoir pour guide dans les voies du salut. Il fut blessé la veille de la bataille d'Almanza, & mourut de sa blessure peu de jours après en héros chrétien, ainsi qu'il avoit vécu depuis sa conversion. Il étoit Colonel du Régiment du Maine & Brigadier, & alloit être promû au grade de Maréchal de Camp.

(g) Un de ses Confreres le félicitant un jour de ce qu'il venoit de prêcher admirablement suivant sa coutume; hé ! laissez, mon Pere, lui répondit Massillon, le diable me l'a déja dit plus éloquemment que vous.

naire des Orateurs médiocres, que se déployoit tout le talent de ce grand homme. Comment est annoncée par la plûpart la vérité non moins terrible que rebattue du petit nombre des élus ? Que trouve-t-on le plus souvent chez eux, que des similitudes & des comparaisons, que des preuves amassées à grands frais, pour un point de créance que l'Evangile établit en deux mots ? Combien peu ont l'art de répandre l'alarme dans les cœurs, sans affoiblir la confiance ? Mais l'homme de génie, que le goût éclaire & que le zèle enflamme, trouve sous sa main des moyens sûrs de produire ces heureux effets. C'est dans les mœurs régnantes, c'est au sein même du Christianisme qu'il va chercher les preuves de ce dogme effrayant : d'un côté il offrira le tableau plein de vie & de vérité des usages & des coutumes ; de l'autre il exposera les régles immuables de la divine loi. Il montrera le petit nombre de justes qui ont conservé l'innocence, le nombre plus petit encore de pécheurs qui l'ont recouvrée après l'avoir perdue, & l'Auditeur convaincu & consterné tout-à-la fois, tirera de lui-même la conséquence qu'il redoute. O jour à jamais consacré dans les fastes de la Chaire, jour de triomphe pour l'éloquence, où Massillon transporta tout-à-coup son auditoire au tribunal du souverain Juge ! La surprise, l'admiration, la crainte, les alarmes des consciences, le voile des passions déchiré par les mains de la vérité rendue sensible à tous les cœurs, tout l'auditoire saisi & se levant à moitié par un mouvement involontaire, l'Orateur lui-même troublé, & ce trouble ne donnant que plus de pathétique à son discours : qu'une pareille scène est digne de la Religion ! Que tous les efforts du bel esprit sont puériles, comparés à ces mouvemens & à ces nobles hardiesses du zèle !

Ici, MM. une réflexion se présente d'elle-même. Pourquoi la prédication a-t-elle si fort dégénéré parmi nous ? Pourquoi, tandis que le Barreau soutient son ancienne gloire ; qu'on y voit des Orateurs marcher souvent à côté des Talons, des d'Aguesseaux, des Normans, des Cochins ; pourquoi la Chaire a-t-elle perdu son premier éclat ? Mânes de Bossuet, de Massillon & de Bourdaloue, l'éloquence sacrée pleure aujourdhui sur vos tombeaux : elle soupire après des successeurs dignes de vous, dignes d'elle ; elle redemande envain ces traits brûlans dont vous embrâsiez les ames. Sa modeste beauté s'indigne de ces fleurs indécentes dont on veut la parer, de ce fard qui défigure ses véritables traits ; qui lui rendra sa noblesse & sa vigueur ? Quel est donc le principe d'un pareil affoiblissement ? Sans examiner ce qui a produit la décadence des beaux arts, si florissans sous le dernier régne, la cause du déclin de la prédication est sensible. La Religion peu méditée, la passion de briller par l'esprit, l'oubli des grands modèles de l'antiquité, dont l'étude est plus nécessaire qu'on ne pense à l'Orateur sacré, le zèle éteint dans la plûpart des cœurs, la fureur de plaire, l'affectation du style académique, éternel fléau du sentiment dans un discours chrétien : voilà ce qui a dénaturé l'éloquence de la Chaire, & lui a ôté toute sa dignité.

Ce fut dans des qualités opposées à ces défauts, que prirent leur source les succès éclatans du ministere de Massillon. Qu'on se figure un Prophéte prêtant à la vérité ce ton d'empire qui étonne, & de persuasion qui attache. Il paroît en Chaire, & bientôt une foule innombrable d'Auditeurs de toute espéce s'empresse de l'entendre. La Lorraine a vu des voyages entrepris, & trente lieues parcourues pour avoir ce bonheur. Les grands, le peuple, le savant, l'ignorant, tous l'écoutent avec ce vif intérêt qu'inspire la vertu, quand on a su la rendre aimable : chacun s'imagine que l'Orateur n'en veut qu'à lui ; chacun voit dans ses discours l'image de sa conduite, & l'histoire de ses passions. Ainsi Démosthène dans la tribune captivoit les Athéniens, lors même qu'il leur offroit le tableau de leurs travers & de leurs caprices. La Cour ne se lasse point d'entendre le nouveau Prédicateur, qui dévoile avec tant de vérité les illusions de ce séjour. Louis XIV, lui même, devant qui avoient paru nos plus grands Orateurs, est frappé de la maniere toute nouvelle de Massillon ; il éprouve cet ascendant vainqueur que prend la Religion sur les ames, quand on la confie à des mains habiles & dignes de la présenter aux Rois. Son goût & sa piété rendent un hommage public au talent du Prédicateur, & c'est en s'accusant lui-même qu'il en fait le plus bel éloge (*h*).

Il est difficile au même Orateur de saisir les ressorts du sentiment dans un discours de morale, & de plaire en célébrant les grands personnages. L'art de parler à l'esprit & au cœur n'est guères réuni avec les graces & le feu de l'imagination, & la nature prodigue rarement ses dons à un même homme. L'Evêque de Clermont signala ses talens dans tous les genres d'éloquence. Les Oraisons Funébres commencerent sa réputation, & eussent pu

---

(*h*) Tout le monde sait dans quels termes Louis XIV témoigna son extrême satisfaction au P. Massillon, lorsque cet Orateur eut prêché son premier Avent à Versailles : mon Pere, lui dit ce grand Prince, j'ai entendu plusieurs grands Orateurs dans ma Chapelle, j'en ai été fort content : pour vous, toutes les fois que je vous ai entendu, j'ai été très-mécontent de moi-même.

seules, s'il s'y fût livré, la porter au plus haut dégré. Ses dernieres fur-tout étincellent de beautés. Quels applaudissemens ne reçut pas en particulier son éloge de Louis-le-Grand ? Le génie sublime de Bossuet y semble animer le Panégyriste ; mais si l'Orateur y retrace avec noblesse les événemens d'un régne mémorable, le Philosophe les apprécie : loin de lui ces éloges si souvent prodigués aux exploits militaires, c'est-à-dire, à l'art funeste d'exterminer les hommes. En payant à nos Héros le tribut de louanges qui leur est dû, Massillon représente les désastres inévitables des guerres ; il fait sentir le prix de ce sang dont nous avons acheté nos victoires. S'il peint le triomphe des arts sous un nouvel Auguste, il montre les progrès du luxe suivis de la décadence des mœurs. Une raison sublime conduit toujours sa plume, & la flatterie ne deshonore jamais ses éloges.

Un mérite si rare ne pouvoit échapper au discernement du Souverain ; c'eut été mal connoître Massillon, que de ne pas prévoir son élévation aux dignités de l'Eglise. Ce que Louis-le-Grand eut fait sans doute, un Prince dépositaire de l'autorité l'exécute, & remplit en cela l'attente publique. Le seul Massillon, élevé à l'Episcopat, est étonné d'un choix auquel la France entiere applaudit. Sa religion s'alarme, il accepte en tremblant une dignité qu'il n'avoit point recherchée, & cette crainte même l'en rend plus digne.

Mais, pour le bonheur des François, un jeune Monarque, devoit recevoir les leçons du nouveau Prélat. Le même Orateur qui avoit si dignement expliqué au bisayeul la morale chrétienne, instruit le petit-fils dans l'art de régner. Ici une carriere toute nouvelle s'ouvre à l'Évêque de Clermont ;

son génie crée un nouveau genre d'éloquence. Se mettre à la portée d'un Roi enfant, sans rebuter le reste des Auditeurs ; lui présenter la vérité parée d'attraits sans l'altérer ; jetter dans son ame encore neuve la semence de la félicité publique ; démasquer les vices & les intrigues des Cours, sans blesser le Courtisan ; se rendre l'avocat de l'humanité contre les caprices du pouvoir : quelle dextérité, & quelles ressources dans l'esprit ne demande point un pareil ministere ? Massillon le remplit avec une supériorité dont il étoit peut-être seul capable. Combien de fois ne fut-il pas interrompu par les applaudissemens ou par les larmes de son auguste auditoire ? Je n'exposerai pas tout ce que l'Europe admire dans ce Recueil si connu sous le nom de petit Carême, chef-d'œuvre immortel de cet Orateur & de l'art oratoire. Massillon, après avoir instruit les autres états, devient dans ces derniers discours le Précepteur de tous les Rois. Jamais la Philosophie chrétienne ne leur donna de plus utiles leçons, & jamais l'éloquence ne les exprima avec tant de graces & de dignité. Heureux les Souverains qui y puiseront les régles de leur conduite ! Ils sentiront leur cœur s'ouvrir à la douce humanité ; ils reconnoîtront sur-tout la folie des conquêtes & la fausseté de toute autre gloire que celle qui naît de la vertu : leur sagesse les rendra inaccessibles aux traits de la flatterie, ils deviendront l'amour & les délices de leurs peuples.

Mais la Chaire ne borna point tous les services que Massillon rendit à l'Eglise. Considérons-le sur ce nouveau théâtre où ses talens viennent de le placer ; nous n'admirerons pas moins en lui le Prélat que l'Orateur.

SECONDE PARTIE.

UN homme qui, né avec les talens les plus rares, vécut conftamment ennemi de l'éclat; qui pouvant prétendre aux plus brillans emplois du Miniftere Eccléfiaftique, n'écouta jamais les confeils de l'ambition; qui durant un long Epifcopat, toujours fidéle au devoir de la réfidence, fe préferva des dangers de la Cour, & mit toute fa gloire à devenir le modèle de fon peuple : un tel homme ne femblera peut-être aux yeux du vulgaire mériter l'attention de la poftérité que par les dons de l'efprit; mais les fages ne le trouveront pas moins grand par fes vertus, & fa vie n'en fera pas moins un digne objet d'admiration. L'Académie Françoife venoit d'ouvrir fes portes à Maffillon; elle avoit vu un vrai modèle d'éloquence académique dans le tribut que lui avoit payé ce nouveau Membre : pleine d'admiration pour la variété de fes talens, cette Compagnie regrettoit de le voir fi tôt perdu pour elle, lorfque Clermont eut la joie de le recevoir dans fes murs.

La Renommée qui voloit au-devant de lui, avoit annoncé à l'Auvergne ce qu'elle en devoit attendre pour le bonheur de fes habitans. On fait affez quelles doivent être les qualités d'un Evêque; je n'entreprendrai point de les décrire. Un maître fublime, formé à l'école de la Divinité, S. Paul, les a tracées dès la naiffance de l'Eglife aux Prélats de tous les fiécles.

Maffillon chargé de la conduite des ames, ne ceffe d'étudier ce grand modèle. Le même don qui dans la Chaire le rendoit le maître des cœurs, les lui foumet dans le gouvernement de fon Diocèfe:

l'efprit

l'esprit de paix & de conciliation formoit son ca‐
ractere. Qui ne connoît l'usage qu'il en fit avant
d'être assis sur le Siége de Clermont. Revêtu de la
dignité Episcopale, rien ne put altérer l'esprit de
paix & de sagesse, qui fut l'ame de sa conduite.
Des mœurs simples, une affabilité prévenante, un
accès facile, une tendre prédilection pour les affligés
& les malheureux, lui attirent dans peu l'estime
& l'admiration des peuples. La douceur insinuante
de ses discours, & je ne sais quel charme secret
répandu dans ses manieres étouffent les divisions
& les haines qu'enfante la diversité des opinions.
Esprits impérieux & superbes qui présumez tout
de vos talens, ou des premiers efforts de votre
zèle, vous que les moindres contradictions irritent;
apprenez d'un grand Evéque que la modération est
le vrai moyen de gagner les esprits, & que la dou‐
ceur prépare toujours à la raison ses plus belles
victoires. Ce mur de séparation qu'élevoit parmi
des personnes vouées à l'utilité publique la riva‐
lité de leurs professions; cet éloignement que pro‐
duit trop souvent entre les membres d'une même
Eglise, la différence de l'institut, disparoissent bien‐
tôt sous le gouvernement de ce sage Prélat. Inno‐
cens artifices de l'amour de la paix! des hommes
souvent faits pour s'estimer, mais que leur état sem‐
bloit condamner à ne pas même se connoître,
Massillon les rassemble (i) au sein de la douce
liberté des champs; il les engage dans ces hon‐

(i) M. Massillon s'appliqua sans relâche, & réussit à maintenir la
paix dans son Diocese, dans un temps où elle étoit bannie de presque
tous les autres. Il eut voulu que tous les Chrétiens n'eussent eu qu'un
même cœur & qu'un même esprit. Cet ami de la paix se plaisoit à
rassembler à la campagne des Oratoriens & des Jésuites, & à les faire
jouer ensemble.

nêtes délaſſemens où les liaiſons ſe forment, & où le cœur s'épanche ſans s'en appercevoir; il les accoutume à ſe rechercher; & s'il ne peut réunir les eſprits, il établira du moins le régne de la charité chrétienne dans les cœurs.

La ſienne prenoit toutes ſortes de formes, & s'étendoit à tous les beſoins de ſon troupeau. Le premier ſoin de chaque Paſteur eſt de connoître le ſien. Maſſillon ſentit toute l'étendue de ce devoir, & ce qu'il fit pour le remplir, nous retrace une image des ſiécles Apoſtoliques. Une partie de ſon Diocèſe ſituée dans d'affreuſes montagnes étoit devenue preſqu'inacceſſible; elle n'avoit vu depuis plus d'un demi-ſiécle ancun Evêque. A peine en connoiſſoit-on le nom en plus d'un endroit; on ne ſe ſouvenoit point qu'aucun d'eux y eût jamais porté ſes pas. Mais de quels obſtacles ne triomphe pas le zèle ? Ni les rochers eſcarpés, ni les précipices, ni les abîmes ſemés de toutes parts ſur la route ne peuvent ébranler l'ame vraiment Epiſcopale de Maſſillon. On le voit tous les ans parcourir une partie de ſon vaſte Diocèſe. Quelle joie pour ces peuples qui ſe croyoient abandonnés, de voir leur Paſteur, d'éprouver ſa tendreſſe & ſa bienfaiſance, de recueillir les paroles de vie qui ſortent de ſa bouche ? Cet homme qui avoit annoncé les vérités de la Religion avec tant de majeſté aux plus grands Rois, ſe met ſans effort au niveau des ſimples & des petits. Les habitans des campagnes ne ſont pas moins entraînés que ceux des plus ſuperbes villes, par le charme de ſes exhortations. Son zèle induſtrieux ſe plaît à réchauffer dans ces ames ruſtiques & groſſieres les ſemences de vertu que la main du Créateur y a jettées; & tel qu'un autre Paul, après s'être fait admirer dans Athènes, il sait encore instruire & convertir les plus humbles hameaux.

La vigilance de ce charitable Pontife ne se bornoit pas au seul besoin des ames. Les miseres des pauvres ne touchoient pas moins vivement son cœur. Ne nous imaginons pas de ces aumônes légeres que l'importunité arrache souvent à l'avarice même, & qui sont moins l'effet de la vertu qu'un don forcé de l'amour propre. Ses secours prévenans alloient sur-tout déterrer ces miseres, dont les tristes victimes redoutent les regards mêmes de la charité. On eut dit qu'il craignoit que la renommée, en publiant ses bienfaits, ne lui en ôtât le mérite. Peuples dont il fût le Pasteur, vous admirâtes en lui ces dispositions sublimes : pour se soustraire à vos éloges, il cachoit à vos yeux la plus noble, la plus utile des vertus : vous eussiez toujours ignoré la source de ces largesses qu'il versa parmi vous, si votre reconnoissance n'eût triomphé de sa modestie.

La charité doit être le partage des Evêques, & résider dans leur cœur comme son sanctuaire. Massillon en fit ses délices, & quel jour de sa vie ne fut point marqué par quelqu'acte de cette vertu ? Tandis que sa main versoit par-tout des secours dans le sein des malheureux, sa plume éloquente en sollicitoit de plus abondans auprès du Ministère. Bannissant de sa maison le faste des palais ; de sa table, les superfluités du luxe, riche de sa seule économie, ce Prélat bienfaisant montre ce que peut un cœur sensible aux malheurs publics. Un hiver rigoureux avoit désolé l'Auvergne ; une misere affreuse se faisoit sentir sur-tout aux habitans des montagnes. La faim, les maladies, triste cortége de la disette, accablent ces infortunés. Les ressources de l'Hôtel-

Dieu de Clermont sont épuisées, & l'on y est sur le point de renvoyer les malades : le cœur paternel de Massillon est déchiré à la vûe d'une telle calamité. Prêt à se dépouiller de tout pour l'indigent, il envoye à cette maison désolée un secours aussi imprévu que nécessaire. Elle devient dès ce moment l'objet de ses plus tendres attentions. Que dis-je ? Ce n'est pas assez pour lui d'adoucir les maux de ceux qui souffrent, s'il ne leur cache la main propice qui les soulage ; moins admirable par sa bienfaisance que par la maniere dont il l'exerce (k).

Ce tendre Pasteur, en se dévouant dès les premiers jours de son Episcopat aux besoins de son peuple, n'eut jamais voulu s'en séparer : c'étoient-là les vœux de son cœur, & ses désirs s'accorderent toujours avec ses devoirs. La discipline, l'ordre, la paix renaissoient en tous lieux par ses soins, lorsqu'un événement inopiné l'attira malgré lui à la Capitale. La mort venoit de ravir à la France une Princesse respectable. Son illustre fils voulut avoir l'Evêque de Clermont pour interpréte de sa douleur, & les vertus de Madame méritoient d'être immortalisées par un tel organe. Massillon, dans ce discours, le dernier qu'il prononça hors de l'Auvergne, eut à lutter contre lui-même. Il sut y soutenir tout l'éclat de sa renommée. Onction singuliere, douceur de style, noblesse de sentimens, leçons adroites & chrétiennes adressées au Prince qui l'écoutoit : tout y eut le suffrage des connoisseurs,

---

(k) La charité étoit la vertu dominante de ce digne Evêque. Il fut toujours à la tête des bonnes œuvres de son Diocèse ; en deux ans, il fit porter secrettement vingt mille livres à l'Hôtel-Dieu de Clermont. En 1742, il donna un contrat de cinquante-deux mille livres sur le Clergé au même Hôpital, & il le fit en mourant son légataire universel.

Mais quel doux spectacle pour les gens de bien, lorsque le zélé Pontife, insensible aux applaudissemens & aux vains appas de la Capitale, ne paroît touché que de ses premiers engagemens ? A peine a-t-il rendu les derniers honneurs à Madame, qu'il revole dans son Diocèse pour n'en plus sortir. Là, comme s'il eût voulu réparer cette courte & involontaire absence, on le voit redoubler d'ardeur pour ses devoirs. Tout ressent les effets de sa vigilance pastorale : la tyrannie d'un long usage entretient souvent d'indignes abus ; ce qui devroit être un nouveau motif pour les anéantir, en perpétue plus d'une fois la durée. Combien n'en voit-on pas usurper la force des loix, & insulter aux régles méprisées ? Celles-ci trouverent toujours un vengeur dans la personne de l'Evêque de Clermont. Des droits aussi anciens qu'exorbitans étoient attachés au Greffe Episcopal de cette derniere ville. Le Clergé y gémissoit envain sous le poids de ces impôts, d'autant plus odieux qu'ils paroissoient illégitimes. Massillon voit l'abus, & il y applique le remède, dût-il en sentir lui seul toute l'amertume. Ses intétêts particuliers ne balancent pas un moment dans son cœur le soulagement de ses Ecclésiastiques. Victime généreuse de son zèle, il réduit ces droits à des sommes modiques, & retranche lui-même de son revenu une des branches les plus fertiles.

C'est ainsi que ce grand homme donnoit à son Clergé l'exemple du désintéressement ; la modération formoit tous ses désirs & dirigeoit ses démarches. Qu'une médiocrité ambitieuse recherche de nouveaux emplois d'honneur que fuit le mérite modeste ; qu'elle brigue ces fonctions d'éclat qui promettent de la célébrité, & qui ne donnent pas toujours de la gloire. Tout à son peuple, Massillon se refuse à ce qui est étranger à son ministere : le poids de la charge Pastorale à laquelle il s'étoit prêté lui inspire chaque jour de nouvelles frayeurs. Plus il avance dans sa carriere, plus ses travaux fructifient ; plus il redoute le compte qu'il doit rendre au souverain Pasteur des ames. Tel est le caractere d'un grand homme qui s'examine à la lumiere de la foi : les biens qu'il fait, son humilité les lui cache ; elle ne lui montre que les dangers qui l'environnent. Combien de fois le pieux Evêque ne regretta-t-il pas ces jours de sa vie, où libre de l'assujettissement des dignités, il n'avoit à répondre que de lui seul ? Dans ce doux commerce où l'ame s'ouvre toute entiere à l'amitié, on le voit envier le sort d'un illustre & ancien Confrere, & gémir des titres dont il est lui-même revêtu (*l*). Aux fautes qui peuvent lui échapper, ses craintes ajoutent les fautes que pourront commettre ses coopérateurs : aussi quelle attention à n'en choisir que de dignes & à ranimer en eux l'esprit du Sacerdoce ! Pour trouver une sollicitude là-dessus égale à la sienne, il faudroit peut-être la chercher dans les premiers âges de l'Eglise. Malheur au siécle qui refuseroit ses hommages aux vertus Episcopales, la gloire de la Religion, & une des principales

---

(*l*) Massillon témoignoit ces sentimens dans une Lettre écrite en 1727 au P. Maure de l'Oratoire, son ami, & célèbre Prédicateur. Nés tous les deux la même année en Provence, & reçus la même année dans l'Oratoire, ces deux hommes, dès qu'ils parurent dans la Chaire, semblerent s'emparer des suffrages dont le P. Bourdaloue étoit depuis long-temps en possession. Le P. Maure possédoit dans un dégré éminent tous les talens extérieurs. Massillon qui prêcha son premier Carême à Paris, dans la même Eglise où le P. Maure venoit de prêcher l'Avent, avec des applaudissemens extraordinaires, eut besoin de tout son mérite pour réussir après lui : mais il fut bientôt reconnu pour le premier Prédicateur du Royaume.

sources du bonheur des peuples. Des retraites fréquentes données par Massillon lui-même à ses Curés assuroient les fruits de la tenue des Synodes. Chaque année de son Episcopat le voit à la tête d'un Clergé nombreux pourvoir aux différens besoins de son Diocèse. Là, sur les ruines des abus, s'établissoient des réglemens utiles : là se formoit ce concert & cette harmonie des deux ordres d'où dépend le succès de leurs travaux : là l'éloquent Prélat, après avoir instruit les peuples & les Rois, prononçoit pour l'instruction de son Clergé, ou plutôt pour celle de toute l'Eglise, ces admirables discours, devenus un des plus beaux monumens de son génie & de son zèle. Parmi tous ces ouvrages, pourrois-je en oublier un, précieux à son cœur, qui tout imparfait qu'il est, s'attire une juste admiration ? Ces divins cantiques que l'Eglise met dans la bouche de ses enfans, furent l'objet assidu des méditations de Massillon. La Religion occupa jusqu'à ses heures de loisir. C'est à ces vuides utiles de son temps que nous devons cette touchante paraphrase, où l'on sent si bien ce que l'Auteur a voulu inculquer, l'inconstance & la fausseté des biens de la terre. Ses autres productions portent l'empreinte de son génie ; cette derniere est l'ouvrage de son cœur, & Massillon n'y peint que ses mouvemens. C'est-là que le saint Evêque, comme s'il eût voulu se pénétrer des vérités qu'il avoit tant de fois annoncées, recueille les expressions embrâsées d'un Roi pénitent, & qu'il y ajoute le feu des siennes. La vigueur de son esprit se conserva dans les glaces de la vieillesse, son corps seul en ressentit les atteintes ; il succomba sous les efforts de son zèle, & le terme de sa vie fut le dernier jour de ses travaux.

La mort d'un grand homme arrive toujours trop tôt pour son siécle & pour sa patrie. Massillon enlevé à son Diocèse & à la France au bout d'une longue carriere, emporta des regrets non moins vifs qu'universels. Ses talens & ses vertus reçurent l'hommage qu'ils méritoient. Spectacle d'autant plus intéressant qu'il est plus rare ! Dans le temps que des hommes de lettres répandoient à pleines mains des fleurs sur son tombeau, ses Diocésains l'arrofoient de leurs larmes. Ses bienfaits les avoient pénétrés de la douleur la plus tendre, & ils leur rendront sa mémoire à jamais précieuse & respectable.

Mais, quoique dérobé à nos regards, ce grand Evêque n'en vivra pas moins sur la terre. Les fruits immortels de sa plume instruiront les siécles à venir, comme ils instruisent aujourd'hui le nôtre. Ses écrits éloquens, contre-poison du vice, iront dans tous les âges allumer dans les ames l'amour sacré de la vertu. Son nom rappellera toujours dans les esprits un beau génie, modeste au milieu des succès les plus flatteurs, une ame droite & bienfaisante, un caractere qui sut captiver les cœurs, l'ami de toutes les vertus, le modèle des Orateurs chrétiens & des Evêques.

F I N.

APPROBATION.

J'AI lu, par ordre de Monseigneur le Vice-Chancelier, l'Eloge de M. *Massillon*, *Evêque de Clermont*; je crois que l'on peut en permettre l'impression. En Sorbonne, ce 5 Juin 1768.

J. L. BILLARD DE LORIERE.

De l'Imprimerie de CHARDON.

www.ingramcontent.com/pod-product-compliance
Lightning Source LLC
Chambersburg PA
CBHW060915050426
42453CB00010B/1743